샘터가 소망하는 우리 아이들의 얼굴입니다.
이 행복한 마음 담아 여러분 곁으로 찾아가겠습니다.
www.isamtoh.com

LA TERRE EST MON AMIE by Maïa Brami and Karine Daisay
© Saltimbanque Éditions, 2022
Korean translation Copyright © 2022 Great Books
Arranged through Icarias Agency, Seoul

이 책의 한국어판 저작권은 Icarias Agency를 통해 Saltimbanque Éditions과 독점 계약한 (주)샘터사에 있습니다.
저작권법에 의하여 한국 내에서 보호를 받는 저작물이므로 무단전재와 복제를 금합니다.

안녕, 내 친구

지구

마이아 브라미 글 · 카린 데체 그림 · 이재원 옮김

샘터

차례

인도
동물의 왕을 지키는 신문 · 8

바하마
우리의 작은 낙원에서 모든 걸 얻고 있어! · 12

가나
날개를 달아 준 대나무 자전거 · 16

모로코
우리 마을이 가장 우선이야 · 20

스페인
더 나은 삶을 위해 습관 바꾸기 · 24

인도네시아
쓰레기는 금이야! · 28

바베이도스
식용유로 달리는 자동차 · 32

포르투갈
거리가 정원이 되고 · 36

뉴질랜드
자연을 지키는 작은 영웅이 되는 법 · 40

부탄
행복의 열쇠를 찾은 사람들 · 44

텍사스
학교에서 사슴을 만날 수 있어! · 48

이탈리아
맛있는 식사부터 제로 웨이스트까지 · 52

독일
호텔에 사는 꿀벌 · 56

카자흐스탄
미래 에너지? 재미있는 놀이지 · 60

프랑스령 기아나
아마존의 수호신을 만나고 왔어 · 64

칠레
'안개 잡는 그물'이 가져온 기적 · 68

탄자니아
우리가 배움의 그늘에서 익어 가게 놔두세요 · 72

네덜란드
플라스틱 낚시를 떠나자 · 76

알래스카
위험에 처한 아기 새들의 SOS · 80

프랑스
자연이 자기 권리를 회복한다면? · 84

글쓴이의 말

어릴 때, 나는 내가 세계와 이어져 있다고 생각했어요. 바깥에서 춤추기를 좋아했죠. 맨발로 잔디를 밟고, 두 팔은 하늘로 뻗고서요. 나를 경이롭게 하는 모든 것에 내가 속해 있는 기분이었어요.

당시 사람들은 계절의 변화에 맞춰 집 안을 가득 채운 플라스틱 제품을 마구 사용했어요. 몇십 년이 지난 뒤, 인류는 큰 충격을 받고는 눈이 번쩍 뜨였지요. 천연자원은 무궁무진한 게 아니었어요. 몇백 년 동안 인류는 지구에 있는 모든 걸 함부로 사용하면서도, 위기를 맞은 여러 동식물처럼 자신들도 그렇게 될 수 있다는 걸 조금도 생각하지 않았어요.

이번 책 작업은 전 세계적으로 코로나19가 한창 유행

할 때 시작되었어요. 결코 우연이라고 할 수 없지요. 답답한 격리 생활을 겪으며 그림 작가 카린 데제와 나는 창문을 활짝 열고 멀리 날아가기로 했어요. 우리는 전 세계를 돌며 근사한 여행을 즐겼고, 생명의 아름다움과 다채로운 문화에 푹 빠졌어요. 그렇게 해서 우리가 발견한 것은 무엇일까요?

바로 희망이었답니다.

세계 곳곳에서, 어른과 아이 할 것 없이 저마다 팔을 걷어붙이고 적극적으로 생각을 펼치며 세상을 놀라게 하고 있었어요. 자연과 조화를 이루며 사는 법을 배움으로써, 큰 변화를 일으키며 우리에게 길을 보여 주었답니다. 바로 지금, 이들을 함께 따라가 볼까요?

인도

동물의 왕을 지키는 신문

나마스떼! Namaste

내 이름은 얄리니. 인도에 살아. 인도는 세계에서 두 번째로 큰 **생물 다양성** 보전 지역이지. 우리 나라에는 큰 규모의 **국립 공원**들이 있고, 이곳에서 조류, 파충류, 포유류 등 여러 생물이 보호받고 있어. 카르나타카주의 중심 도시 벵갈루루에서 22킬로미터 떨어진 곳에 있는 바네르가타 생물 공원에서는 코끼리, 사자, 하마가 **준자유 상태**로 살아가고 있지. 내 생일날, 가족들과 함께 생물 공원에서 하루를 보냈어. 사파리에 가는 게 생일 소원이었거든. 나는 가까이에서 동물의 왕을 보고 싶었어. 바로 **벵골호랑이** 말이야.

우리는 승합차를 타고 벵골호랑이를 만나러 갔어. 맹그로브 숲에 가까워질 때쯤 기사님이 차를 세웠어. 그때, 검은색 줄무늬의 거대한 수컷 호랑이가 그늘에서 모습을 드러내더니, 우리 차로 다가와 으르렁거리며 몸을 똑바로 세웠어. 앞발 하나가 내 머리 크기만 한 거 있지! 가이드는 익숙한 태도로 설명했어. "여러분은 지금 고양잇과 가운데 가장 큰 동물을 보고 계십니다. 이 호랑이는 배가 고플 때 몸무게가 1톤이나 되는 **가우르**도 공격한답니다. 벵골호랑이에게 위협이 되는 적은 오직 인간뿐이죠."

승객들은 자기 자리에서 몸을 움츠린 채 무서워서 덜덜 떨었어. 나는 홀딱 반해서 차창에 코를 바짝 갖다 대고 호랑이와 눈을 마주쳤지. 그 눈빛에서 슬픔이 보였어. 우리가 떠나 주기를, 자기를 조용히 내버려 두기를 바라는 눈빛이었어. "벵골호랑이는 멸종 위기종입니다. 그런데도 보호 구역까지 들어와 **사냥**을 하는 사람들이 있답니다." 가이드가 계속 설명했어. 벵골호랑이가 사라질지도 모른다는 사실을 알게 되자 나는 **행동**하기로 마음먹었어. 친구들과 함께 신문을 만들어서 사람들의 생각을 바꾸기로 말이야. 신문의 이름은 '호랑이의 눈'이야. 신문을 인쇄할 때는 공원의 도움을 받지. 이 멋진 포식자들을 지키는 일은 이 숲과 이곳에 사는 모든 생물을 보호하는 일이기도 해.

생물 다양성: 지구상에 살아가는 모든 형태의 생명체, 즉 미생물, 식물, 동물, 인간 등의 다양하고 풍부한 정도.

국립 공원: 인도 전역의 국립 공원 면적은 10만 제곱킬로미터(대한민국 국토 면적과 같다_옮긴이)에 달한다.

준자유 상태: 이곳에 사는 동물들은 철창에 갇혀 있지 않아서 자유롭게 지내는 것처럼 보인다. 그러나 실제로는 공원 밖으로 나가지 못하며, 공원에서 주는 먹이를 먹고 공원의 통제 속에서 살아간다.

벵골호랑이: 인도호랑이라고도 하며, 몸길이는 최대 3미터, 몸무게는 250킬로그램이나 된다. 가장 널리 알려진 호랑이 종류로서 연구 자료가 되고 있다. 1900년대 초에는 개체 수가 4만이었으나, 현재 야생에 남은 개체 수는 약 2500마리로 추정된다. 서양에서 사자가 힘과 능력의 상징이라면, 아시아에서는 호랑이가 그런 존재다. 인도 신화에서는 전쟁의 여신이자 우주의 어머니인 두르가가 호랑이를 타고 다닌다.

가우르: 인도 들소.

사냥: 벵골호랑이가 보호종임에도, 가죽과 이빨, 발톱은 여전히 사람들이 탐내는 전리품이다. 사냥꾼은 가장 큰 고양잇과 동물을 죽임으로써 자신이 천하무적이 된다고 생각한다.

행동: 7월 29일은 세계 호랑이의 날이다. 이날이 지정된 2010년, 야생에는 호랑이가 3200마리밖에 남아 있지 않았다. 당시 세계자연기금(WWF)의 지원으로, 아직 호랑이가 살고 있는 13개국이 모여 2022년까지 호랑이 개체 수를 두 배로 늘리기로 뜻을 모았다(2023년 기준 호랑이 개체 수는 4500마리에 이른다_옮긴이).

바하마

우리의 작은 낙원에서 모든 걸 얻고 있어!

하이! Hi

내 이름은 앤드리아. 나는 캣아일랜드에 살아. **바하마**의 700개 섬 가운데 하나이지. 먼바다로 가면 두 개의 바다(대서양과 카리브해)가 만나는 곳이 있는데, 두 바닷물이 섞이지는 않아서 서로 다른 파란색이 만들어 내는 장관을 볼 수 있어. 우리 섬 이름은 해적인 해럴드 캣의 이름에서 따온 거라고 해. 해럴드 캣은 악명 높은 해적 '검은 수염'의 친구였대. 나랑 친구들은 해럴드 캣의 보물을 발견하기를 바라고 있어. 혹시 알아? 어느 날 파도에 떠밀려 우리 발 앞에 나타날지! 맛있는 **콩크**처럼 말이야.

수영을 하고 나면 우리는 바닷가에 드러누워 섬이 숨 쉬는 소리에 귀를 기울여. 그러면 마치 이 세상에 우리뿐인 듯한 기분이 들지. 주민이 2천 명도 안 된다고 상상해 봐! 이 작은 낙원은 우리에게 모든 걸 제공해 줘. 그리고 우리는 이곳을 보호해 주지. 파란 하늘을 보니, 하얀 **새털구름**은 보이지 않네. 새털구름은 무시무시한 **허리케인**이 온다는 뜻이거든. 지구 온난화 때문에 카리브해 연안에 허리케인이 오는 일이 잦아졌어. 그리고 점점 심해지고 있지. 허리케인은 집을 부수고 모든 걸 물에 잠기게 해.

2019년, 허리케인 도리안이 일어난 뒤로 바다의 소금기가 곳곳에 스며들어서, 마실 물과 요리에 쓸 물을 얻으려면 물에서 소금기를 빼는 **담수화** 작업을 해야 해. 강풍으로 모래 언덕도 다 무너져 내렸어. 모래 언덕은 풍랑이 심할 때 우리를 보호해 주는 역할을 해. 주민들은 모래 언덕을 다시 세우기 위해 바다 밑바닥에서 **모래**를 퍼 와야 했어. 학교에 다니는 아이들은 **낚시귀리** 심는 일에 참여해서 모래 언덕을 튼튼하게 하는 일을 도왔어. 가느다란 줄기가 바람에 흩날리는 깃털처럼 힘없어 보이지만, 실제로는 기적을 만들어 내지. 또 허리케인은 산호를 파괴하는데, 산호가 사라지면 물고기도 사라져. 그리고 산호가 없어지면, 결국 바하마는 존재하지 않게 돼! 그래서 나는 어른이 되면 이모를 도와 **산호 양식장**에서 일할 거야.

바하마: 바하마의 수많은 섬은 산호 화석과 석회암으로 이루어져 있다. 모두 '암초 건설자들', 즉 바다 생물의 뼈와 껍데기로 만들어진 것들이다.

콩크: 커다란 고둥 종류로, 바하마 사람들이 무척 좋아하는 음식이다. 보호종이므로 관광객은 콩크 껍데기를 여행 기념품으로 가져가서는 안 된다.

새털구름: 높은 하늘에 떠 있는 섬유 모양의 구름.

허리케인: 바다에서 발생하는 강력한 열대성 저기압으로, 아주 빠른 속도로 이동하며 회전한다. 바람은 시속 120킬로미터가 넘는다.

담수화: 물에서 염분과 미네랄을 분리하는 시설을 갖춘 공장에서 이루어진다.

모래: '해저 모래 언덕'에서 모래를 퍼내려면, 배가 거대한 진공청소기 같은 호스를 느린 속도(시속 2~4킬로미터)로 끌고 이동해야 한다. 그렇게 빨아들인 모래는 갑판 위로 뱉어낸다.

낚시귀리: 갈대, 대나무, 벼, 보리 등과 함께 볏과에 속한 식물.

산호 양식장: 산호초에서 산호 일부를 떼어 낸 뒤, 자라날 때까지 그대로 두었다가 다시 심는다. 산호는 살아 있는 동물로, 수많은 바다 생물에게 거처를 제공하며 강한 파도와 비바람으로부터 해안을 보호할 뿐 아니라 바다의 온도를 조절할 수 있게 해 준다.

가나

날개를 달아 준 대나무 자전거

마아체!Mmaache

내 이름은 아쿠아. 가나에 살아. 우리 오빠들과 언니들은 쿠마시에 있는 농장에서 일하고 있어. '정원의 도시'라 불리는 쿠마시에서는 176종의 나무가 자라는데, 그중에는 망고, 구아바, 모링가, 고무나무도 있어. 하지만 자키아 언니와 바코 오빠가 관심 있는 나무는 **대나무**야. 세계에서 가장 빨리 자라는 식물이지. 대나무는 우리 나라를 푸르게 가꾸어 주는 기적을 가져왔어. 특히 수많은 자전거를 만드는 재료로도 쓰이는데, 가볍고 튼튼할 뿐 아니라 환경친화적이야.

가나에서 대기 오염은 아주 큰 문제야. 자동차와 버스도 너무 많고, 수도인 **아크라 근교**에서 나오는 전자 제품 폐기물의 양도 점점 늘어나고 있어. 이곳은 지구에서 가장 오염이 심한 지역이야. 납은 토양을 오염시키고, 더불어 휴대폰, 텔레비전, 컴퓨터를 분해하는 어린이들을 병들게 해. 아이들은 재활용할 만한 부품이 있는지 찾으려고 그곳에 가거든. 되팔아서 돈을 벌 수 있을까 하고 말이야.

예전에 나는 학교에 가려면 시간이 오래 걸렸어. 지각이라도 하면 먼지를 뒤집어쓰고 지친 채로 벌까지 받았지. 자전거가 생기니 마치 날개가 생긴 것 같아. 숙제할 시간도 생기고, 숙제가 끝나면 밭에 가서 아빠를 도와줄 수도 있어. **오크라**를 따서 엄마에게 가져다주면 **스튜**를 끓여 주시지. 게다가 이제는 난방에 쓸 나무를 주우러 다닐 필요가 없게 됐어. 우리 나라에서는 보통 여자아이들이 하는 일이거든. 지금은 자키아 언니와 바코 오빠가 자전거를 만들고 남은 대나무 부스러기를 자루에 담아 와.

자전거로 흙길을 달리면, 내 생각도 전속력으로 달려 나가. 나는 최초의 **생분해성** 자전거를 발명하는 사람이 되고 싶어. 그럼 타이어 고무는 무엇으로 대체하면 좋을까?

대나무: 아시아가 원산지인 거대한 식물로 1천 종이 넘으며, 어떤 종류는 하루에 1.6미터나 자란다. 가나 숲의 5퍼센트를 차지하며, 한번 가공하면 강철보다 단단해진다.

아크라 근교: 아그보그블로시(Agbogbloshie)는 세계에서 가장 큰 규모의 전자제품 폐기물 매립지 가운데 하나로, 약 5만 톤의 폐기물이 10킬로미터에 걸쳐 쌓여 있다.

오크라: 서아프리카에서 토마토 다음으로 가장 많이 재배되는 채소다. 잎으로는 샐러드를 만들어 먹으며, 씨앗은 커피 같은 음료를 만드는 데 쓰일 뿐 아니라 피부 미용에도 활용된다.

스튜: 가나의 국민 음식인 오크라 스튜는 토마토, 고추, 붉은 팜유, 양파, 마늘, 생강, 잘게 썬 오크라로 만드는데, 여기에 고기, 생선 또는 해물을 넣기도 한다.

생분해성: 흙 속에서 곤충과 미생물에 의해 분해되어 오염을 일으키지 않는 것.

모로코

우리 마을이 가장 우선이야

아줄! Azul

내 이름은 나임. 모로코 **하이아틀라스** 산맥의 **베르베르** 마을에 살아. 이 산맥은 아주 높아서, 고대인들은 이곳이 하늘을 받치고 있다고 생각했대! 나는 수가 놓인 카펫 위에 앉아서 계곡을 바라보며 감탄하곤 해. 카펫을 타고 하늘을 나는 상상도 하지. 지붕에 널어 말리고 있는 알록달록한 빨래들 사이로, 아빠와 삼촌이 민트 차를 마시는 모습이 보여. 그리고 바둑판 모양으로 펼쳐진 밭, 우리가 심은 소나무와 사이프러스의 연한 초록빛도 보이지.

최근에 우리 마을은 어려움에서 벗어났어. 과학자들의 도움으로, **지구 온난화**에 적응할 방법을 찾아냈거든. 이제는 겨울의 혹독한 추위도, 여름의 건조함과 타는 듯한 뜨거움도 겁낼 필요가 없어졌어. 산사태를 일으켜 우리 밭과 집을 망가뜨리던 비도 두렵지 않지.

홍수를 막기 위해 우리 마을 남자들은 돌로 둑을 쌓았어. 여자들은 가뭄에 대비해 공동 빨래터를 새로 지었지. 빨래터에서는 **미세 조류**가 빨래에 사용된 물을 정화해. 깨끗해진 물은 곡식을 심은 밭에 다시 이용되지. **방울 물 주기** 방식으로, 낭비 없이 모든 식물에 물을 댈 수 있어. 온실을 지어서 토마토, 양파, 병아리콩을 키우고부터는 식량이 부족할 일도 없어졌어. 무엇보다 가장 아름다운 일은 숲에서 전나무가 자라는 모습을 바로 앞에서 지켜볼 수 있다는 거야. 나는 자연에 보답할 수 있다는 사실이 뿌듯해. 자연은 늘 우리에게 베풀잖아. 나무들 덕분에 땅은 물을 저장할 수 있고, 다시 비옥해지지. 나무들이 잘 자라게 하는 비법이 뭐냐고? 나무들에게 말을 걸고 손가락 끝으로 쓰다듬어 주면 돼.

하이아틀라스: 북아프리카에서 가장 높은 산맥으로, 높이가 4167미터에 달하며, 길이는 700킬로미터가 넘는다.

베르베르: 고대부터 북아프리카에 살아온 사람들이다. 자신들끼리는 '이마지겐'이라고 부르며, 고유의 언어와 문화를 지니고 있다.

지구 온난화: 대기 중에 온실가스가 축적되면서 지구의 온도가 높아지는 이상 현상.

미세 조류: (물에서 살며 광합성을 하는 단세포 생물로, 식물성 플랑크톤이라고도 한다_옮긴이) 오염을 흡수해 물을 깨끗이 해 준다. 포플러 식물도 비슷한 기능을 하는데, 토양을 오염시키는 중금속을 뿌리로 흡수한다.

방울 물 주기: (미세한 구멍이 뚫린 호스를 땅에 묻거나 깔아서 물이 한 방울씩 서서히 나오게 하는 방식이다_옮긴이) 어린 식물 뿌리에 이 방식으로 물을 주면 더 잘 자라며 물도 절약할 수 있다.

스페인

더 나은 삶을 위해 습관 바꾸기

올라! Hola

내 이름은 호세. 스페인 남부 에스페호에 살아. 내가 사는 **푸에블리토**는 언덕 위에 자리 잡고 있어. 이 언덕 꼭대기에는 성의 금빛 탑들이 하늘을 향해 우뚝 솟아 있지. 아래쪽으로는 햇빛을 받아 반짝이는 **올리브** 과수원이 펼쳐져 있어. 그중에는 우리 집안이 대대로 소유한 밭도 있어. 가을이 되면 나는 삼촌들을 도와 우리 밭에서 올리브를 수확해. 이 올리브는 세계에서 가장 향기로운 올리브유로 만들어지지.

이곳 사람들은 늘 자연과 조화를 이루며 살아왔어. 에스페호가 모범 도시로 뽑힌 건 놀랄 일도 아니야. 스페인에서 처음으로 공정 무역을 택한 곳이거든. 우리는 똑똑한 소비를 해. 좋은 환경에서 노동이 이루어지고 자연을 존중하며 생산된 제품이라는 사실을 알고 물건을 구입하지. 또 우리는 주로 우리 지역 농산물을 먹어. 크리스마스에는 이곳에서 자란 아몬드로 만든 **토르티카 카세라**를 맛있게 먹고, 학교에서는 가까운 지역에서 생산된 제철 과일과 채소를 먹지.

우리 도시 사람들이 쓰는 축구공은 **방글라데시**에서 만들어졌는데, 우리는 이 축구공을 누가 만들었는지도 알고 있어. 오랫동안 세계에서 팔리는 공 대부분은 파키스탄 어린이들이 손으로 직접 꿰매어 만들었지. 아이들은 학교도 가지 못하고 일을 해야 했어. 우리는 토요일에 카스트로 델 리오의 축구팀을 초대해서 축구 경기를 할 거야. 지든 이기든 상관없이, 축구공 하나를 상대 팀에 선물하려고 해. 그 선물을 통해 우리 도시 사람들이 살아가는 방식을 함께 선물하는 거야. 경기는 성의 안뜰에서 열릴 거야. 왜냐하면 그 위에서는 저 멀리 지평선까지 볼 수 있거든. 세계와 지구는 바로 우리 자신이야. 몇 가지 습관을 바꿈으로써 우리는 더욱 아름다운 삶을 만들 수 있어.

푸에블리토: 스페인어로 '작은 마을'이라는 뜻이다. 스페인 안달루시아 지방에는 특유의 하얀 집들이 멋진 풍경을 만들어 내는 30여 개의 '하얀 마을'이 있다. 고대에 이 지역을 지배한 로마와 아랍의 흔적을 곳곳에서 볼 수 있어서 마을 자체가 역사책이라 할 수 있다.

올리브: 수천 년 동안 재배되어 왔으며, 안달루시아 지방에서 올리브 나무는 15만 제곱킬로미터가 넘는 땅을 차지한다. 대표적인 품종으로 베르디알, 오히블랑카가 있다.

토르티카 카세라: 아몬드와 레몬으로 만든 과자로, 크리스마스 때 먹는다.

방글라데시: 인도 동쪽에 있는 나라.

인도네시아

쓰레기는 금이야!

옴 스와스티아스투! Om Swastiastu

내 이름은 멜라티. 인도네시아 말랑에 살아. 인도네시아는 1만 7508개의 섬으로 이루어진, 세계에서 가장 섬이 많은 나라이자, 세계에서 가장 인구가 많은 나라 중 하나야. 우리 캄풍 마을은 마치 거대한 **바틱** 작품 같아. 몇 년 전, 마을 사람들이 모든 걸 무지개색으로 칠했거든. 우리 집은 초록 사과 색깔이고 지붕은 주황색이야. 예술 작품이 된 우리 마을이 자랑스러워. 우리 나라 모습을 꼭 닮았거든. 인도네시아의 과수원, **열대 과일**, 그리고 주말마다 새를 파는 시장에서 우리 정신을 쏙 빼놓는 **모란앵무, 요정파랑새**의 모습도 닮았지.

사람들이 쓰레기를 아무 데나 버리지만 않아도 좋겠어. 거리에 쓰레기통이 없어서 강물에다 쓰레기를 버리거든. 자바섬의 도심과 해변은 음료수 캔과 포장 용기로 뒤덮였어. 다행히 몇몇 사람들이 해결책을 찾아냈어. 먼저, 우리 집 근처에 있는 부미 아유 병원에서는 가족들을 무료로 치료해 주는 조건으로 쓰레기를 가지고 오라고 해. 그리고 과일과 채소의 껍질은 농사 비료로 사용되고, 플라스틱과 금속은 재활용 회사에서 사 가지.

이마 언니는 미래에는 업사이클링이 대세일 거라고 생각해. 업사이클링이란, 오래된 물건이나 쓰던 물건으로 본래의 쓰임보다 훨씬 더 귀중한 것을 만들어 내는 놀라운 예술이야. 언니는 최근에 열여덟 장의 비닐봉지로 멋진 모자를 떴어! 지금 나는 언니의 고등학교에서 하는 과제를 돕고 있는데, 재생 종이로 바구니를 짜는 거야. 언니는 친구들이랑 시내에 나가서 이 바구니를 팔 거래. 우리 가족에게는 돈이 필요하거든. 내가 할 일은 집집마다 찾아다니며 바구니의 재료가 될 신문지를 모으는 거야. 쓰레기는 사실 금과도 같다니까!

바틱: 스카프나 옷에 다양한 모양으로 색깔을 입히는 인도네시아 전통 염색 기법.

열대 과일: 두리안, 카람볼라, 용과 등이 있다.

모란앵무: 활발한 앵무새 종류로, 잘 놀고 잘 기어오르며 평생을 짝과 함께 살아간다.

요정파랑새: 붉은 눈을 가진 참새목의 새다. 열대 우림에서 살며, 수컷은 검은색과 군청색, 암컷은 청회색이고 야생 무화과와 꽃꿀을 먹는다.

바베이도스

식용유로 달리는 자동차

모닌! Mornin'

내 이름은 조디. 바베이도스의 수도 브리지타운에 살아. 시장 진열대 위에서 햇빛을 받아 따끈따끈해진 과일들(**자몽, 사탕수수, 베이전 체리**)의 달콤한 냄새, 노점에서 튀기는 **피쉬케이크** 냄새, 그리고 바다 냄새가 늘 나는 곳이야. 이곳의 야자수는 한들한들 흔들리며 바닷가로 가는 길을 안내하지. 우리 아빠는 바닷가에 있는 호텔에서 일하셔. 토요일마다 나는 아빠랑 바다에 나가서 **날치**와 **거북**과 함께 서핑을 해. **카사바폰**과 신선한 코코넛 주스를 간식으로 먹고 나면 집에 갈 시간이 되지. 이때는 길이 꽉 막혀서 꼼짝도 못 해.

내가 사는 도시의 이름은 그 옛날 아메리카 토착민이 지은 다리에서 비롯된 거야. 이 사실은 식민지 개척자들이 영국에서 왔을 때 발견한 유일한 흔적이었어. 오늘날 바베이도스는 세계에서 가장 인구가 많은 섬 가운데 하나이고, 카리브해 지역에서 아스팔트 포장도로가 가장 많은 나라야! 길에는 차가 아주 많고, 공기가 나빠.

그래서 우리 학생들은 환경을 위한 행동을 하기로 결정했어. 집에서 사용한 식용유를 가져오는 거야. 아이들은 매번 통에 식용유를 가득 채워 오는데, 1년 만에 3천 리터나 모았지! 모은 식용유는 **바이오 연료**를 만드는 회사로 전해져. 이 회사는 폐식용유에서 이물질을 거르고 깨끗하게 하는 과정을 거친 뒤에 메탄올을 섞어 글리세린을 분리해. 이렇게 새로워진 기름을 소량의 **경유**에 잘 섞어 주면 자동차가 공기를 오염시키지 않지. 우리는 식용유를 이 회사에 팔고 번 돈으로 플라스틱 병 재활용 캠페인을 하려고 해. 이 캠페인이 성공적으로 이루어져서 재활용 플라스틱 병으로 친환경 **서핑 보드**를 만들 수 있게 되는 게 내 꿈이야.

자몽: 귤과 비슷한 과일로, 바베이도스가 원산지이며 1750년경 발견되었다.

사탕수수: 설탕의 원료다. 이 나라에 부를 가져다준 설탕은 '하얀 황금'이라 불린다.

베이전 체리: 키가 작은 나무에서 자라는 다홍색 과일이다. 바베이도스의 특산물로, 달콤한 요리와 짭짤한 요리 모두에 사용된다. 베이전은 '바베이도스의', '바베이도스 사람'을 뜻하는 말이다.

피쉬케이크: 날치를 튀겨 양념한 음식.

날치: 천적의 먹잇감이 되지 않기 위해 날치는 물 밖으로 뛰어나가 몇 십 미터를 활공할 수 있다.

거북: 바베이도스에는 세 종류의 바다거북이 있다. 장수거북(최대 700킬로그램), 대모(최대 70킬로그램), 푸른바다거북(최대 159킬로그램)으로, 모두 1998년 이래로 보호받고 있다.

카사바폰: 카사바, 코코넛, 건포도, 계피를 섞어 만든 부드러운 과자.

바이오 연료: 식물성 원료(비트, 사탕수수, 밀 등)로 만든 연료.

경유: 땅속에서 나는 광물성 기름인 석유에서 얻는 연료.

서핑 보드: 1950년대부터 플라스틱과 유리 섬유로 만들어졌다. 플라스틱과 유리 섬유는 2.5배의 폐기물을 발생시키고 재활용도 불가능하다.

포르투갈

거리가 정원이 되고

올라! 이à

내 이름은 클라라. 리스본의 알칸타라에 살아. 내가 우리 개 **파두**(이 이름은 저녁마다 파두가 달빛 아래에서 노래하는 모습을 보고 지은 거야)를 데리고 **아주다** 식물원으로 산책을 갈 때면, 과거로 여행하는 듯한 기분이 들어. 그곳은 마법 같은 장소거든. 이곳에서 포르투갈의 왕자들은 항해사들이 가져온 희귀 식물을 연구했지. 마데이라섬에서 온 **용혈수** 아래에는 공작이 뽐내듯 걸어 다니고 있어. 300살 가까이 먹은 이 현자 앞에서 우리는 좀 더 겸손한 모습을 보여야 할 텐데 말이야!

포르투갈의 수도 리스본에는 120종의 나무들이 있고, **생물 다양성**을 보전하기 위해 공원들이 새로 지어지고 있어. 녹지에 자리 잡고 있는 우리 집 내 방 창문에서는 포도밭이 보이지. 내 방에서 새소리를 들을 때면, 마치 시골에 있는 것만 같아. 포르투갈에서 가장 큰 도시인데도 말이야. 우리 부모님은 **제비**들이 보이면 미소를 지으셔. 환경 오염으로 한때 제비들이 모두 리스본을 떠났었거든. 우리 가족은 주말에 **타구스강**으로 바칼라우(대구)를 먹으러 가는데, 그곳에 가면 모두가 감탄해. 물고기들이 점점 늘어나고 있거든! 앞으로 10년 동안 강물이 깨끗하게 유지된다면 예전만큼 물고기가 많아질 거야.

우리는 이웃들과 함께 가로수 아래에 **꽃밭 씨앗**을 심었어. 이렇게 하면 갖가지 색깔과 향기의 축제가 되지만 그보다 더 중요한 사실은 곤충들이 돌아온다는 거야. 그러면 고슴도치 가족이 이곳으로 이사 올지도 몰라. 그때를 기다리며 나는 날마다 꽃밭에 물을 조금씩 주고 있어. 우리 집 발코니에서 모아 둔 빗물이 담긴 물뿌리개로 말이야.

파두: 포르투갈에서 널리 불리는 노래로, 리스본의 알파마에서 탄생했다.

아주다: 18세기에 아주다 궁전 안에 지어진 포르투갈 최초의 식물원이다. 유럽 대륙과 해외 영토에서 온 5천 종이 넘는 식물을 보유하고 있다.

용혈수: 15세기에 리스본에 심긴 나무로, 반투명한 붉은 수액에 신비의 힘이 담겨 있다 하여 '드래곤 트리'라고도 불린다.

생물 다양성: 지구상의 모든 형태의 생명체(미생물, 식물, 과일, 곤충, 동물, 인간), 그리고 그들의 상호 작용(새들이 애벌레를 먹고, 애벌레는 나뭇잎을 먹는 등)을 뜻하는 말.

제비: 포르투갈어로 '안도리냐'로, 사랑, 충성심, 가족, 집을 상징한다.

타구스강: 길이 1038킬로미터의 강으로, 스페인에서 시작해 대서양으로 흘러간다. 이제 공장들은 타구스강으로 폐수를 방출할 권리가 없다.

꽃밭 씨앗: 일 년 동안 피는 다양한 꽃의 씨앗(다년생 식물, 잔디류, 지역 특산종).

뉴질랜드

자연을 지키는
작은 영웅이 되는 법

그데이! G'day 키아오라! Kia ora

내 이름은 핀. 뉴질랜드 오클랜드 근처에 살아. 아오테아오라, 즉 뉴질랜드는 **마오리족**과 **키위**의 나라야. 하지만 **마누**는 보호 구역에 가지 않으면 볼 기회가 거의 없어. 겁이 많고 야행성이거든. 나무 위에서 찾아보는 것도 소용없어. 키위는 날 줄 몰라서 땅에서 살거든. 우리 나라의 많은 새들이 풀밭에 둥지를 트는 건 이 때문이지.

수백만 년 전, **곤드와나**에서 우리 뉴질랜드 땅이 떨어져 나왔어. 이 시기에는 쥐나 고양이 같은 포유류 포식자가 없어서 **페카페카**, **카카포** 및 여러 **모코모코**가 무서운 천적들 없이 번성할 수 있었지. 하지만 오늘날 우리 나라의 타옹가(보물)가 **포섬**의 위협을 받고 있어. 우리 섬에 사는 사람들과 양들을 합친 것만큼 수가 많은 데다가 눈에 띄는 건 뭐든 먹어 치우거든!

최근에 우리 이웃들이 포섬을 잡으려고 정원에 덫을 놓았어. 우리도 덫이 필요한지 알아보려고 탐정 놀이를 시작했지. 특수 부대에서 하는 것처럼, 나랑 윌로우 누나는 종이 상자로 삼각형 터널을 만들었어. 그 안에는 땅콩버터를 넣어서 동물들이 냄새에 이끌려 들어와 발자국을 남길 수 있게 했지. 쥐, **웨타**, 고슴도치가 땅콩버터를 무척 좋아하거든! 방법은 아주 간단해. 터널 안에 종이 한 장을 놓고 스탬프용 잉크 패드 위에 미끼를 놔두기만 하면 되니까. 나는 직접 만든 작은 터널을 오래된 **코와이** 밑에 놔뒀고, 윌로우 누나는 철조망 담장을 따라 놔뒀어. 우리는 결과를 기다리면서 동물들의 똥과 발자국을 구별하는 법을 익힐 거야. 그래서 자연을 지키는 멋진 **랑아타히**가 되어야지!

마오리족: 뉴질랜드 원주민.

키위: 마오리어로, 뉴질랜드에 서식하는 새의 이름과 토종 과일 이름이기도 하며, 뉴질랜드 사람을 뜻하기도 한다.

마누: 마오리어로 '새'를 뜻한다.

곤드와나: 아프리카, 아라비아반도, 인도, 남아메리카, 남극, 오스트레일리아가 하나로 뭉쳐 있던 초대륙으로, 수백만 년 전 분리되었다고 한다.

페카페카: 마오리어로 '박쥐'를 뜻한다.

카카포: 마오리어로 '밤의 앵무새'를 뜻하며, 올빼미앵무새라고도 한다. 날지 못하고 야행성으로, 이는 전 세계 앵무새 가운데 유일하다. 최대 60센티미터까지 자라며 최대 몸무게는 4킬로그램이다. 노란색과 초록색 깃털이 얼룩덜룩하게 섞여 있다. 천적은 고양이, 쥐, 담비이며, 멸종 위기종으로 보호받고 있다.

모코모코: 마오리어로 '도마뱀붙이'.

포섬: 작은 유대류로, 19세기 오스트레일리아에서 뉴질랜드로 처음 들어왔다. 뉴질랜드의 숲과 토종 동물에게 위협적인 존재로, 나뭇잎과 꽃, 과일, 알, 새, 곤충, 달팽이를 먹는다. 현재 3천만 마리가 서식하는 것으로 보이며, 이는 1980년대에 비해 절반으로 줄어든 숫자다.

웨타: '추한 것들의 신'이라는 뜻의 마오리어로, 전 세계 곤충 가운데 가장 크고 무겁다. 커다란 메뚜기 같은 모습이며, 몸길이 20센티미터를 넘기도 한다.

코와이: 노란 꽃이 멋지게 피는 뉴질랜드 토종 나무.

랑아타히: '15~25세의 젊은이'를 뜻하는 마오리어.

부탄

행복의 열쇠를 찾은 사람들

쿠주장포! Kuzu zangpo

내 이름은 소남. 부탄의 작은 마을 트롱사에 살아. 부탄은 지구에서 가장 생태 친화적인 나라야. 우리 **왕국**은 히말라야산맥 꼭대기, 인도와 중국 사이에 자리 잡고 있어. 사원과 성채가 마치 하늘과 땅 사이에 매달려 있는 것처럼 보이지. 오래도록 보호받고 있는 **숲**들이 끝도 보이지 않을 정도로 펼쳐져 있고 말이야.

행복해지기 위해서 대단한 게 필요한 건 아니야. 그냥 자연과 조화를 이루며 살아가기만 하면 되거든. 빙하가 녹는 걸 막을 수 없다면, **오염시키는 일**을 피하면 돼. 우리 도시에 다니는 자동차들 대부분은 전기차이고, **전기**는 호수와 강의 물 덕분에 생산할 수 있지. 또 우리는 유기농으로 채소(피망, 양배추, 감자)를 키워.

나는 이 모든 걸 '녹색 학교'에서 배웠어. 이렇게 부르는 이유는, 아침에는 머리를 쓰며 일반적인 공부(수학, **종카어** 등)를 하고, 오후에는 운동장에서 작물을 가꾸기 때문이야. 가지를 치고, 물을 주고, 생명의 기적을 지켜보지. 목련 꽃망울이 피어나는 장면만큼 아름다운 건 없을걸! 이 학교는 가르치기보다는 우리가 성장하게 도와줘. 우리끼리 경쟁은 없어. 우리는 성공 대신 **행복**을 생각하지. 수업 시간에는 중요한 가치에 대해 토의해. 다른 사람의 말에 귀 기울이기, 존중하기, 서로 돕기 같은 것 말이야. 우리 마을의 일상생활을 개선하기 위한 활동도 하지. 또 우리는 함께 **명상**도 해. 학교가 끝나면 나는 **추르피**를 우물거리면서 밭에 있는 가족들에게 가. 그리고 언니들과 오빠들을 도와 빨간 피망을 따. 피망은 우리 집 지붕 위에서 말릴 거야. 저녁에는 주로 침대에서 잠들기보다는 책을 읽다가 엎드린 채로 잠들어. 입가에는 미소를 지은 채로 말이야!

왕국: 현재 부탄 왕의 이름은 '지그메 케사르 남기엘 왕추크'이며, 2008년에 왕위에 올랐다.

숲: 부탄 국토의 70퍼센트를 차지한다. 2015년에는 1시간에 4만 9672그루의 나무가 심겼으며, 이 기록은 기네스북에 등재되었다.

오염시키는 일: 부탄은 세계에서 유일하게 탄소 배출량이 마이너스인 나라다. 공기 중에 배출되는 이산화탄소의 양보다 이산화탄소를 흡수하는 양이 세 배나 더 많다.

전기: 부탄은 전기 에너지를 100퍼센트 수력 발전을 통해 얻으며, 따라서 재생 가능하다. 전기 에너지가 많이 생산되어 절반 이상은 인도에 수출한다.

종카어: 부탄의 언어.

행복: 부탄에는 '국민 총행복(GNH)'이라는 개념이 있는데, 지금의 왕이 헌법에 규정한 것이다. 모든 국민은 행복할 권리가 있으며 국민의 복지가 국가의 경제적 성장(GDP: 국내 총생산)에 우선한다.

명상: 편안한 자세를 취하고 자신의 호흡에 집중하면서 좋은 일을 생각하는 것.

추르피: 드리(암컷 야크)의 젖으로 만든 치즈를 작은 정육면체 형태로 자른 것이다. 집 창가의 화단에서 말리며, 부탄 사람이 매우 좋아하는 음식이다.

텍사스

학교에서 사슴을 만날 수 있어!

하이! Hi

내 이름은 마이크. 미국 텍사스주의 작은 마을 오마하에 살아. 200년 전에는 텍사스를 **와일드 웨스트**, 즉 황야라고 불렀어. 지금도 그대로야. 일요일에 아빠랑 낚시하러 가는 길에 무시무시한 **워터 모카신**이 헤엄치는 걸 봤지. 말과 카우보이가 마주치기 두려워하는 그 뱀이야.

텍사스는 아주 큰 주(state)로, 이 지역에서만 볼 수 있는 희귀한 동식물이 엄청나게 많아. 예를 들면 아르마딜로, 뿔도마뱀, 그리고 땅에서 평평하게 자라는 선인장인 **귀갑목단** 등이 있지. 보호를 받는 동식물도 있는데(들소, 퓨마, **큰뿔양**, **제왕나비**), 멸종 위기에 처했기 때문이야. 사냥이 우리가 사는 방식의 일부라고 해도, 자연을 보호하는 일은 무엇보다 우선되어야 해.

우리는 학교 뒤에 있는 드넓은 들판에서 **흰꼬리사슴**의 쉼터를 만들고 있어. 이번 주부터는 소나무, 참나무, **피칸나무**를 심을 거야. 이 나무들이 어서 높이 자랐으면 좋겠어. 이 일은 내가 기획한 것이거든. 학교 친구들은 모두 사슴 쉼터를 짓자는 내 제안에 찬성했어. 쉼터는 들판 한가운데에 지을 건데, 주변에 있는 농장에서 가져온 나무들을 사용할 거야. 쉼터로 갈 때는 오솔길을 이용할 수 있어. 이 통로는 동물 친구들이 오가는 모습을 지켜보기에 아주 좋은 장소가 되겠지. 벌써 상상이 돼. 나뭇잎 사이로 부는 바람과 **흉내지빠귀**의 노래, 그리고 나뭇가지 사이에 숨어서 나를 지켜보는 사슴 가족(아빠 사슴, 엄마 사슴, 하얀 점박이 아기 사슴) 말이야. 이 꿈이 실현되는 겨울을 기다리며, 우리는 사슴들이 추위를 견딜 수 있도록 야생 옥수수를 가져다줄 계획까지 벌써 세워 놨어.

와일드 웨스트: '서부'를 말한다. 아메리카 대륙에 정착하러 온 유럽인들이 아메리카 원주민의 영토를 정복하기 위해 싸움을 벌인 곳이 바로 서부다.

워터 모카신: 텍사스에는 100여 종의 뱀이 살고 있는데, 그중에서도 방울뱀과 워터 모카신이 가장 위험하다.

귀갑목단: 이 선인장은 하늘을 향해 자라지 않고 땅에서 장미꽃 같은 모양을 이루며 성장한다. 가을에는 분홍색과 보라색으로 피는 커다란 꽃을 볼 수 있다.

큰뿔양: 양의 친척이지만, 1.5배 더 크다. 수컷은 소용돌이 모양의 뿔이 있으며, 뿔 한쪽의 무게가 6킬로그램이 넘는다.

제왕나비: 주황색과 검은색의 나비로 약 10센티미터 크기에 이른다. 주로 3월과 9월에 텍사스 하늘에서 수없이 많이 볼 수 있으며, 캐나다와 멕시코 사이를 오간다. 이들이 가장 좋아하는 식물인 박주가리가 제초제 때문에 많이 사라져서 제왕나비도 피해를 입고 있다.

흰꼬리사슴: 미국 전역에서 볼 수 있으며, 그중 텍사스에 거의 400만 마리로 가장 많이 서식하고 있다.

피칸나무: 피칸이 열리는 나무로, 텍사스의 상징이다. '피칸'이라는 이름은 북아메리카 원주민인 알곤킨족의 방언에서 유래했다.

흉내지빠귀: 역시 텍사스의 상징으로, 몸길이는 28센티미터이고 회색, 검은색, 흰색 깃털을 가진 참새목의 새다. 다른 새들의 노랫소리를 흉내 낼 수 있다.

이탈리아

맛있는 식사부터 제로 웨이스트까지

본조르노! Buongiorno

내 이름은 엔조. 밀라노에 살아. 밀라노는 이탈리아 북부 롬바르디아주의 중심 도시로, 이탈리아에서 두 번째로 인구가 많은 도시야. **학교**에서 환경에 대해 배운 뒤부터, 나는 지구를 위해 좋은 일을 하는 게 어렵지 않다는 걸 알게 됐어. 식물들, 동물들과 마찬가지로 우리도 자연의 일부라는 사실을 이해하는 것만으로도 충분하지.

밀라노에 사는 우리는 쓰레기 **분리배출**의 달인들이야. 심지어 **생분해성 쓰레기봉투**도 개발했어. 유기물 쓰레기, 즉 과일과 채소의 껍질, 달걀 껍데기, 커피 추출하고 남은 찌꺼기 등을 버리려고 말이야. 이걸 'umido'라고 적힌 통에 버리기만 하면 돼. 이 퇴비 통은 길모퉁이마다 있고, 그 위에는 이렇게 쓰여 있어. '유기물 쓰레기 10톤이면 축구 경기장만 한 땅을 비옥하게 할 수 있습니다!' 이 말을 들으니 의욕이 샘솟지 않아?

그런데 훨씬 더 좋은 일이 있어. 이제는 쓰고 남은 음식 재료를 버리는 대신 **레페토리오**에 가져가거든. 그러면 요리사들이 맛있는 요리로 탈바꿈해서 노숙인이나 **이주민** 등 외로운 사람들이 먹을 수 있게 해 줘. 좋은 음식을 돈 있는 사람들만 먹으라는 법은 없잖아? 나는 레페토리오 워크숍에서, 쐐기풀과 나도산마늘 등 자연에서 얻을 수 있는 **야생 식물**을 이용해 리조트 만드는 법을 배웠어.

벨기에의 학교에는 운동장에 닭장이 있대. 우리 학교에도 닭장을 설치해서 **'제로 웨이스트'**가 실현되면 좋겠어. 닭들은 우리가 남긴 급식으로 배불리 먹을 수 있고, 우리는 신선한 달걀을 얻을 수 있을 테니까!

학교: 이탈리아는 2020년부터 공립 학교에서 환경 교육을 의무화한 최초의 나라다.

분리배출: 밀라노에서는 다섯 가지 종류의 쓰레기통에 쓰레기를 나누어 버린다. 재활용 안 됨, 플라스틱과 금속, 유리, 종이와 종이 상자, 유기물 쓰레기로 구분한다.

생분해성 쓰레기봉투: 생분해되어 퇴비로 쓰일 수 있는 플라스틱으로 만들어진 것으로, 전분과 식물성 기름으로 이루어져 있다. 밀라노에서는 음식 쓰레기의 양이 50퍼센트 넘게 늘어났는데, 이는 한 사람이 1년에 90킬로그램의 음식 쓰레기를 만든다는 뜻이다.

레페토리오: 2015년 유명 셰프 마시모 보투라가 만든 공간인 레페토리오 암브로시아노는 문화적 가교 역할을 하며 사람들을 이어 주고, 사람들의 존엄성을 회복해 주고 있다. 세계적인 예술가들과 디자이너들이 식당을 꾸며 주었고, 영국 런던의 레페토리오 펠릭스, 프랑스 파리 마들렌 교회 지하를 비롯해 세계 곳곳에 문을 열고 있다.

이주민: 더 나은 삶을 찾아 자기 나라를 떠나온 사람들.

야생 식물: 시장에서 채소를 사듯, 야생 식물을 따러 산책을 나가 보자. 점점 더 많은 사람이 이를 좋아하게 될 것이다.

제로 웨이스트: 불필요한 포장을 없애고 제품을 최대한 재사용 및 재활용함으로써 쓰레기 배출량을 줄이는 것이다. 쓰레기를 '제로'로 만드는 것은 이루기 어려운 이상적인 일이지만, 우리의 습관을 바꾼다면 쓰레기통이 가벼워질 수 있다. 구체적인 방법으로 개별 포장되지 않은 묶음 상품 구매하기, 비누를 만들어 써서 플라스틱 포장 줄이기, 음식 쓰레기로 퇴비 만들기, 안 입는 옷 재활용하기 등이 있다.

독일

호텔에 사는 꿀벌

할로! Halo

내 이름은 로레. 독일 바바리아주의 암베르크에 살아. **꿀벌 마야**의 나라 독일에서 가장 좋아하는 곤충은, 검은색과 황금색 줄무늬의 일벌이야. 그건 아마도 독일에 사는 꿀벌 종류가 550가지가 넘어서겠지. 또 다른 이유는 **꽃가루받이**를 도와주는 마법사들인 꿀벌 덕분에 우리가 과일과 채소를 먹을 수 있기 때문일 거야. 내가 꿀벌을 좋아하는 이유는, 해님의 부스러기 같은 조그마한 것이 붕붕거리며 정원에 활기를 불어넣기 때문이지. 그리고 무엇보다 아침에 빵에 꿀 발라 먹는 것만 한 게 없기도 하고!

문제는 꿀벌의 절반이 사라질지도 모른다는 거야. 야생 벌 대부분은 땅에 집을 짓는데, 밭에 사용된 **살충제**가 많은 수의 벌을 죽이기 때문이야. 그래서 우리는 전국적으로 벌들을 구하기로 결정했어. 어떻게 구하냐고? 벌통을 여기저기에 조금씩 놓는 거야. 도시에서는 건물의 발코니와 옥상에 벌통이 있어. 함부르크 공항에도 있다니까! 1년 동안 벌통을 임대할 수도 있어. 양봉가가 벌을 돌봐 주고, 꿀이 만들어지면 병에 담아 주지. **분데스타크**도 벌통에 벌을 키우는데, 1년에 거의 100킬로그램이나 되는 **분데스타크 블뤼테**가 생산돼!

내 친구 꿀벌을 구하는 일을 돕기 위해, 나는 이번 가을에 꽃씨를 뿌렸어. 파란색, 보라색, 노란색 야생화 꽃씨야. 벌들은 이 색깔만 알아보거든. 4월이 되면 벌은 민들레, 미나리아재비, 치커리, 샐비어에서 실컷 먹을 수 있을 거야. 그때까지 벌들은 우리 집 마당에 있는 **곤충 호텔**에서 겨울을 따뜻하게 날 거야. 층마다 작은 방을 만들어서, 벌들이 번식도 하고 겨울잠도 잘 수 있게 했지. 어떤 벌은 둘둘 말린 갈대 돗자리를 좋아하고, 어떤 벌은 구멍 뚫린 마른 나무토막 속에 몸을 숨기는 걸 좋아해. 이 은신처에서는 10여 마리의 벌들이 각자의 방에서 지낼 수 있어!

꿀벌 마야: 1912년 동화 〈꿀벌 마야의 모험〉이 출간되었을 때 작가 발데마르 본젤스는 세계적인 성공을 거두었다. 그는 자연을 향한 사랑을 이 책에 모두 담아냈다.

꽃가루받이: 꽃에서 꿀을 모을 때 꿀벌의 날개는 꽃가루로 뒤덮인다. 다른 꽃에 가서 앉으면 날개에 묻어 있던 꽃가루가 꽃 한가운데로 들어가 수정이 일어나고, 여기서 씨가 만들어져 과일이나 채소로 자라난다.

살충제: 채소밭이나 과일나무에 뿌려 버섯이나 잡초가 자라거나 벌레가 생기는 걸 막아 주는 약이다. 땅속으로 스며들면서 강을 오염시키고, 물고기와 새를 병들게 한다.

분데스타크: 독일 연방 의회로, 의원들이 모여 법안을 의결하는 곳이다. 베를린 국회 의사당에 있다.

분데스타크 블뤼테: 국회 의사당 안뜰에 설치된 벌통에 사는 세 종류의 꿀벌 무리가 만들어 내는 꿀이다. 수익금은 꿀벌 보호를 위한 프로젝트를 지속하는 데 쓰인다.

곤충 호텔: 나무로 만든 곤충 피난처로, 작은 집 모양으로 지어진다. 지붕은 날씨 변화로부터 곤충들을 보호해 준다. 30센티미터 높이에 만들어야 하고, 남쪽을 향해 태양을 마주 보도록 해야 한다.

카자흐스탄

미래 에너지?
재미있는 놀이지

살렘! sälem

내 이름은 다나. 카자흐스탄의 수도 **아스타나**에 살아. 세계의 수도 가운데 가장 역사가 짧은 곳이야. 이곳에는 신기한 모양의 건물들이 있어. 예를 들어 **미래 에너지 박물관**은 세계에서 가장 큰 유리 공이라고 할 수 있지. 내가 사는 곳을 비롯해 **카자흐스탄**의 모든 지역은 1년 내내 햇빛을 많이 받아. 1년에 3천 시간이나 돼. 그리고 바람도 쉼 없이 불어. **태양광 발전**과 **풍력 발전**을 하기에 적합한 기후지. 햇빛과 풍력은 **재생 가능 에너지**야. 고갈되지 않고 환경을 오염시키지도 않아.

이건 정말 행운이야. 왜냐하면 우리는 난방과 조명에 사용하는 **석탄**을 조금씩 대체해야 하니까. 아스타나에서는 대형 태양광 패널을 이용하는 거대한 온실을 짓고 있어. 온실 안에서 과일, 채소(양배추, 토마토, 감자), 향기로운 허브가 재배될 거야. 곧 우리 학교 운동장에도 온실이 생겨. 우리 학교가 운 좋게 **시범 학교**가 됐거든. 영하 40도까지 떨어지는 겨울에는 온실의 열을 이용해 난방을 하고, 여름이 오면 온실이 훌륭한 에어컨이 되겠지. 지금은 우리가 온실을 짓는 데 이용할 기계가 다른 발명품들과 함께 운동장에 전시되어 영감을 주고 있어.

일단 지금은 수습 연구원 놀이를 할 거야. 학생들은 각자 코르크, 빈 병, 종이 상자, 이쑤시개 등을 재료로 가져와서, 재생 에너지로 작동하는 무언가를 만드는 데 성공해야 해. 쉽지는 않겠지만, 몇 달의 시간이 있고 또 실습 기간에 어른들이 와서 도와줄 거야. 그래서 나는 이반 오빠랑 같이 작업하는 화요일이 오기만을 손꼽아 기다리지.

아스타나: 카자흐스탄 북부에 위치하며 수도가 된 지 20년 정도밖에 되지 않았다.

미래 에너지 박물관: 원래는 2017 세계 엑스포를 위해 지은 전시관으로 '누르 알렘(세상의 빛)'이라는 이름으로 불렸다.

카자흐스탄: 중앙아시아의 나라로, 국토 면적이 세계에서 아홉 번째로 넓다. 예전에는 유목민들이 살았으며, 125개 민족이 모여 있다. 나라의 수입은 땅을 통해 얻는데, 석탄과 석유, 천연가스가 묻혀 있다.

태양광 발전: 태양의 빛 에너지를 태양광 패널에서 흡수하여 전기 에너지로 변환하는 방식.

풍력 발전: 바람이 거대한 터빈을 돌려 전기를 생산하는 방식.

재생 가능 에너지: 태양, 바람, 물(댐에서 떨어진 물이 터빈을 돌려 전기를 생산), 지열(땅의 열기를 이용), 바이오매스(나무, 나무껍질, 동물의 배설물 등의 생물 유기체를 연소 또는 발효 과정을 거쳐 연료로 변환) 등.

석탄: 천연가스와 석유 같은 화석 에너지로, 수백만 년 동안 땅속에서 식물이 분해되며 만들어진다. 석탄의 사용은 지구 온난화와 온실가스의 원인이 되어 지구상의 생명체를 위협하고 있다.

시범 학교: 새로운 교육 방식(예를 들면 글자 읽는 법을 가르치는 새로운 방법) 또는 혁신적인 시스템(예를 들면 잔반 없는 급식, 운동장을 이용한 채소 재배 등)을 시험해 보기 위해 선정된 학교.

프랑스령 기아나

아마존의 수호신을 만나고 왔어

봉주르! Bonjour

내 이름은 킬리앙. 프랑스령 기아나의 마리파술라에 살아. 이곳에서는 브라질 사람, 크레올, 나 같은 **누아르 마롱**, 그리고 이 나라에서 가장 오래 살아온 아메리카 원주민이 함께 살아가. 원주민들은 그들의 삶의 방식을 지키기 위해 지난 몇백 년 동안 **아마존** 깊숙이 숨어 살았어. 나는 학교 친구들과 함께 아마존에 사는 **와야나족**을 만나러 갔어. 그들이 사는 마을은 카누를 타고 두 시간에 걸쳐 들어가야 해. 세계에서 가장 거대한 숲을 가로지르고, 와야나의 문화를 경험할 수 있다니, 정말 행운이지! 나는 이곳의 재규어 인간 전설을 너무 좋아하거든.

마을의 촌장님과 딸 야카핀이 **투쿠시판** 앞에서 우리를 기다렸어. 야카핀은 내게 카사바를 갈아 납작하게 구운 전병을 건네주고, **오두막**을 구경시켜 줬어. 야카핀은 위층에 있는 해먹에서 자는데, 그러면 뱀이랑 땅거미가 가까이 올 염려가 없대. 야카핀의 오빠 아이쿠는 **카탈리**를 만들어서 관광객들에게 팔아. 그렇게 번 돈은 휘발유를 사는 데 쓴대. 촌장님이 카사바를 캐려면 모터 달린 카누를 타고 가야 하거든. 카사바 재배지가 마을에서 점점 멀어지고 있기 때문이지. 옛날에 와야나족이 유목 생활을 할 때는, 땅에서 먹을 것을 더 이상 얻을 수 없게 되면 길을 떠났어. 이곳의 땅도 빠르게 황폐해지고 있지만, 프랑스 학교가 그 자리에 계속 있으니 다른 곳으로 이사를 갈 수는 없어. 야카핀은 자신들의 미래를 걱정하고 있어. **열대 나무** 무역 때문에 숲이 사라지고, 금을 찾는 사람들이 수은으로 강을 오염시켜서 물고기들이 전염병에 걸리고 있거든.

습하고 빽빽한 정글로 들어갈 때 원숭이가 시끄럽게 소리 지르는 소리가 들려왔어. 야카핀은 "이 **케이폭나무**는 우리 종족과 나이가 같아!"라고 자랑스레 외치며, 덩굴로 뒤덮인 거대한 나무에 기어올랐어. 야카핀과 와야나족은 지구의 보물을 지키는 수호신이야. 우리는 반드시 그들을 도와 이곳을 보호해야 해.

누아르 마롱: 아프리카 대륙에서 노예로 끌려온 사람들의 후손.

아마존: 남아메리카의 열대 우림. 아홉 개 나라에 걸쳐 있으며, 특히 브라질 땅을 많이 차지한다. 약 3900억 그루의 나무와 수십만 종의 생물이 살아가는 아마존은 세계에서 가장 큰 생물 다양성 보전 지역이다.

와야나족: '큰 숲의 인디언'이라고도 하며, 프랑스령 기아나에 남아 있는 아메리카 원주민 여섯 종족 가운데 하나다. 참고로 15세기에는 50여 종족이 있었다. 브라질과 수리남에 사는 인구까지 모두 합해도 겨우 800명 정도다.

투쿠시판: 잔치를 하거나 손님을 맞이할 때 사용하기 위해 여러 채 지어 놓은 둥근 모양의 오두막.

오두막: 야자수 잎이나 양철로 된 지붕을 올린 직사각형 모양의 전통 주택. 가정마다 두 채씩 있으며, 각각 부엌과 침실로 쓰인다.

카탈리: 야자수 잎이나 덩굴 등의 식물로 짠 바구니로, 와야나족의 주식인 카사바를 옮기는 데 쓰인다.

열대 나무: 아주 견고한 브라질산 나무인 이페나무는 마루 바닥재나 정원 식탁용으로 베어져 미국과 유럽에 팔린다. 이렇게 쓰러진 나무는 여기서 살아가던 생명체와 주변 생물(식물, 곤충, 동물)을 사라지게 하는 결과를 가져왔다.

케이폭나무: 거대한 열대 나무로 70미터까지 자라며, 나무줄기는 굵은 가시로 뒤덮여 있다. 아프리카와 카리브해 지역, 남아메리카에서는 신성시되며 신비한 힘이 있다고 여겨진다. 나무껍질은 치통을 치료하는 데 쓰인다.

칠레

'안개 잡는 그물'이 가져온 기적

부에노스 디아스! Buenos Dias

내 이름은 아우로라. 칠레 차냐랄에 살아. 이곳에서 아타카마 사막이 시작되는데, 세계에서 가장 건조한 이 사막은 모래와 **소금**이 만들어 내는 풍경으로 이루어져 있어. 바람에 깎인 바위들은 어떤 모양을 닮기도 했는데, 예를 들면 **달의 계곡**에 있는 **라스 트레스 마리아스**가 있지. 황량한 사막이지만, 아침에 피어나는 카만차카 덕분에 생명의 기적이 만들어져. 카만차카는 바다의 찬 공기와 사막의 열기가 만나 만들어지는 짙은 안개를 말해. 우리 조상인 쿤자 인디언들은 아주 가까운 안데스산맥의 물을 모아 활용할 줄 알았어. 그 물로 옥수수, 감자, 콩을 재배했지.

하지만 몇백 년의 세월이 흐르면서 비가 오는 일이 드물어졌고, 건조한 기후가 자리 잡았어. 선인장만 잔뜩 자랄 수 있게 되었지. 선인장은 가시로 **층적운**의 물방울을 빨아들여. 과학자들은 여기서 영감을 얻어 **포그캐처**를 만들었어. 나일론으로 만든 커다란 직사각형 모양의 그물이 카만차카의 수분을 머금게 하는 거지. 포그캐처가 설치된 이후로 토마토와 알로에 베라 등의 경작을 다시 할 수 있게 됐고, 우리 부모님은 연어 양식을 시작하셨어. 나중에는 필요하다면 그 물을 마시고, 씻는 데도 사용할 수 있을 거야. 우리 집에서 가까운 **알토파타체 센터**에서는 이미 그렇게 하고 있거든.

오늘 아침에는 포그캐처에 맺힌 물을 저장하는 탱크를 검은색으로 새로 칠하는 일을 돕기로 했어. 햇빛을 받아 군데군데 칠이 벗겨지기 시작했는데, 그 사이로 빛이 투과하면 물속에 조류가 자라날 수 있거든.

소금: 아타카마에는 거대한 소금 평원(살라르)이 있으며, 두께가 900미터인 곳도 군데군데 있다.

달의 계곡: 크고 작은 협곡으로 이루어진 이곳은 마치 달의 지형을 닮았다. 로스 플라멩코스 국립 공원의 일부이며, 이곳에서 채취한 무기염류(마그네슘과 리튬)는 전 세계로 수출된다.

라스 트레스 마리아스: 세 명의 여자처럼 보여서 유명해진 바위로, '세 명의 마리아'라는 뜻으로 이 이름이 붙었다.

층적운: 어둡고 둥근 모양의 구름으로, 하늘에서 물결 모양 또는 선을 그린다. 고도가 상당히 낮으며(500~2500미터), 두께는 600미터 정도다. 종종 비가 쏟아질 것처럼 보이지만, 실제로는 비를 거의 내리지 않는다.

포그캐처(Fog-catcher): 4제곱미터의 그물로, 바닥으로부터 3미터 높이에 바람을 마주 보는 방향으로 설치한다. 수집된 물(하루에 7~14리터)은 홈통을 따라 저장 탱크로 흘러들며, 필요한 경우 여과 및 정수 처리 과정을 거친다.

알토파타체 센터: 1998년 설립된, 포그캐처 기술을 전문적으로 연구하는 곳이다. 사막에 고립되어 있어서, 두 개의 포그캐처와 태양광 패널을 통해 물과 에너지를 자급자족한다.

탄자니아

우리가 배움의 그늘에서 익어 가게 놔두세요

카리부! Karibu

내 이름은 샹그웨. 탄자니아의 캄비야심바('사자들의 야영지'라는 뜻) 마을에 살아. 백한 살이나 된, 우리 마을의 장로 야메 할아버지는 어릴 때 사자들이 집 근처를 어슬렁거리는 모습도 본 적이 있대. 마을 아래에는 **대지구대**가 있어. 그곳에는 마치 거울을 닮은 거대한 **만야라 호수**가 있지.

우리 나라에서는 생활이 땅에 의해 좌우돼. 붉은 흙은 피부에 달라붙고 두 발을 뒤덮지. 대대로 우리는 자연과 조화를 이루며 살았어. 키우는 닭들과 조화를 이루고, 옥수수밭과 그 퇴비와 조화를 이루면서 말이야. 그리고 가축은 가족의 일원이야. 밤마다 양, 염소, 돼지 들이 우리가 거실로 쓰는 공간에서 잠을 자지. 음불리(건기)가 길어진 이후로는 세이강의 물이 줄어들고 밭에서는 먹을 것이 충분히 나지 않아. 레베카 언니랑 루시 언니는 물을 긷기 위해 거의 8킬로미터를 가야 해. 머리에는 큰 **물통**을 이고 걸어서 말이야. 그래서 가끔은 **우갈리** 하나로 하루를 버틸 수밖에 없어.

가뭄에 맞서기 위해 학교에서 우리는 벌써 나무 2만 그루를 심었어. 나무는 과한 경작으로 말라 버린 땅을 재생시켜 주지. 또 빗물을 양동이에 받거나 지붕에 빗물받이를 설치해서 모으는 법도 배웠어. 내년에 내가 중학교에 입학할 수 있으면 좋겠어. **공부**에는 돈이 많이 들지만, 무언가를 배움으로써 우리 마을을 현대적으로 바꾸고 가뭄에 대처하는 일을 도울 수 있을 거야. 우리 부모님은 우리가 미래를 위해 태어난 열매라는 걸 잘 알고 계셔. 그러니까 덜 익은 채로 따지 말고, 교실의 그늘 아래에서 익어 가도록 우리를 그대로 두어야 해!

대지구대: 동아프리카 대지구대는 고대 인류의 화석이 많이 발견된 지역으로, 인류의 요람, 즉 인류가 처음 나타난 곳으로 여겨지기도 한다.

만야라 호수: 탄자니아 북쪽에 위치하며, 230제곱킬로미터를 차지한다. 동쪽은 사바나, 서쪽은 건조림, 북서쪽은 열대림으로 둘러싸여 있다.

물통: 어린 여자아이들은 2리터가 조금 넘는 물통을 들며, 청소년기가 되면 7리터까지도 든다.

우갈리: 옥수숫가루를 물에 끓여 치대어 만든 음식.

공부: 탄자니아에서는 중학교에 입학하려면 등록금으로 2만 실링(약 만 천 원), 그리고 한 학기에 옥수수 36킬로그램과 강낭콩 13킬로그램을 내야 한다.

네덜란드

플라스틱 낚시를 떠나자

할로! Hallo

내 이름은 에밀리. 네덜란드의 수도 암스테르담에 살아. 암스테르담에는 100킬로미터 넘게 뻗어 있는 운하가 있어서 '북쪽의 베니스'라는 별명이 있지. 천 개의 다리가 운하를 가로지르며 약 90개의 작은 섬들을 이어 주고 있어. 옛날에는 음식, 석탄, 양념이 세계 곳곳에서 이 운하를 통해 배를 타고 들어왔어. 오늘날에도 여전히 바지선, 우편 배달선, **플로팅 더치맨**, 페리 등으로 교통이 복잡하지. 나는 할머니 할아버지 댁에 갈 때 자전거를 가지고 페리를 이용해.

시간이 흐르면서, 자연 위에 떠 있는(대부분을 **폴더** 위에 건설한) 우리 도시가 진짜로 떠다니는 쓰레기통이 된 것 같아. 빈 병, 캔, 비닐봉지가 **블로멘마르크**의 튤립 앞을 둥둥 떠다니기 시작했거든. 심지어 쓰레기가 수양버들 가지에 걸려서 청둥오리와 바다표범이 북해로 이동하는 걸 방해하고 있어.

그래서 우리는 운하를 청소해. **플라스틱 웨일** 덕분에 배를 타고 즐길 수 있지. 가족들이 함께 쓰레기 낚시를 하는 거야! 물에서 건진 물건을 재료 삼아 만든 **보트**를 타고 말이야. 헨디 오빠랑 함께하면 쓰레기를 가장 많이 건질 수 있어. 다른 '낚시꾼'과 마주치면, 우리는 저마다 '낚은' 것들을 서로 비교하며 웃고 떠들지. 낚은 쓰레기들이 일정한 무게에 도달하면 상품을 받을 수 있는데, 나는 알록달록한 **웨이스트보드**를 받고 싶어.

또 우리 동네에서만 사용할 수 있는 화폐도 있어. 일주일에 한 번, 우리가 주운 플라스틱 쓰레기만큼 코인을 받아. 이게 무엇으로 만든 건지 알아? 바로 재생 플라스틱이야! 이 코인으로 빵도 사 먹을 수 있고, 마트에서 장도 볼 수 있어. 이미 17세기에 세계 최초로 **증권 거래소**가 생긴 나라니까, 놀랄 일도 아니지!

플로팅 더치맨: 물에서는 배가 되는 수륙 양용 버스.

폴더: 해수면보다 낮은 땅을 간척하여 건물을 지을 수 있는 육지로 만든 곳.

블로멘마르크: 가장 오래된 운하 위에 세워진 꽃 시장으로 아주 긴 세월 동안 물 위에 떠 있다. 상인들이 물가에 정박하여 꽃을 판매한다.

플라스틱 웨일: '플라스틱으로 만든 고래'라는 뜻의 이 회사는 성공을 거둘수록 쇠할 가능성이 있다. 즉, 운하의 쓰레기가 점점 줄어들면서 할 일도 줄어드는 것이다. 그러나 이제는 다른 나라에도 이들의 아이디어가 퍼져 나가고 있다.

보트: 8천 개의 플라스틱 병을 재활용해야 보트 하나를 만들 수 있다.

웨이스트보드: 플라스틱 병뚜껑으로 만든 스케이트보드.

증권 거래소: 상품과 통화의 가치를 협상하는 곳.

알래스카

위험에 처한 아기 새들의 SOS

하이! Hi

내 이름은 조슈아. 앵커리지(**드나이나** 말로 더그하이칵)에 살아. **알래스카**에서 가장 큰 도시지. 한쪽에서는 바다와 빙산, 고래가 보이고, 또 다른 쪽에서는 거대한 **빙하**가 눈부신 흰색에서 황금색으로 바뀌어 가는 풍경이 보여. 평소 태양이 뜨고 지기까지는 몇 시간밖에 안 걸리는데, 여름에는 해가 거의 지지 않아.

이곳은 거친 극지방으로, 영토의 95퍼센트에는 사람이 살지 않아. 회색 곰과 무스가 우리 이웃이지. 차를 타고 가다 길에서 순록과 마주친 적도 많은걸. 여기에는 새도 아주 많이 살아. 지구에서 가장 희귀한 종류로 꼽히는 브리슬사이트컬류, 흰머리기러기 같은 것들 말이야. 프리빌로프 제도에는 제곱센티미터당 새가 한 마리씩 있어서 절벽이 보이지 않을 정도야. **바다오릿과**의 새도 16종이 있는데, 그중에는 작은바다오리와 흰수염바다오리도 있어.

얼마 전까지만 해도 나는 **조류학자**가 되고 싶었는데, 지금은 수의사도 되고 싶어져서 고민이야. 지난달에 **홍방울새** 두 마리가 둥지에서 떨어진 걸 발견했거든. 이 새들을 **버드 티엘시**에 데리고 가서, 새들을 어떻게 돌봐야 할지 설명을 들었어. 처음 며칠 동안은 15분마다 한 번씩 가느다란 관을 통해 새에게 먹이를 줘야 했는데, 우리 엄마 아빠한테도 그 조그만 부리를 벌리는 일은 쉽지 않았어. 먹이를 삼켰는지 확인하는 일은 쉬웠어. 배 속에 들어간 먹이가 투명하게 보이거든. 3주가 지나자 새들을 놓아줄 수 있었어. 새들이 날아가 버리자, 나는 기쁘기도 했지만 친구를 잃은 것 같아 조금 슬프기도 했어.

그래서 버드 티엘시에서는 우리에게 보호 가정이 되어 보라고 제안했어. 엄마 아빠와 나는 특별히 마련된 프로그램을 이수할 거야. 어쩌면 다음에는 다친 올빼미나 검독수리를 구출하게 될지도 모르잖아?

드나이나: '사람'이라는 뜻으로, 알래스카 중남부 원주민과 그들의 언어를 의미한다. 이들은 천 년 전부터 이곳에 살아왔다. 알래스카에는 각 부족의 언어가 약 20개 존재한다.

알래스카: 미국의 49번째 주이자 땅이 가장 넓은 주다. 상징하는 깃발은 1927년 공모전에서 열세 살 학생이 디자인한 것으로, 짙은 파란색 바탕에 황금색으로 큰곰자리와 북극성을 표현했다.

빙하: 지구 빙하의 절반이 이곳에 있다. 앵커리지에서 세 시간 더 가면 산 빙하인 '엑시트 빙하'를 만날 수 있다.

바다오릿과: 북극 해역에 사는 새들로, 날개를 이용해 물속에서 이동할 수 있다.

조류학자: 새를 전문적으로 연구하는 학자.

홍방울새: 참새목에 속하며, 머리에 선명한 붉은 깃털이 나 있다. 나무 위에 살며, 자작나무 씨앗과 싹을 먹는다. 눈 속에서 목욕하는 것을 좋아하며, 눈에 구덩이를 파고 들어가 밤을 지내기도 한다.

버드 티엘시(Bird TLC): 앵커리지에 있는 조류 의료 및 교육 센터. 다친 야생 조류를 치료해 주는 의료 기관이자, 새들을 보호하는 법을 가르치고 자연에서 새들의 소중함을 일깨워 주는 교육 기관이기도 하다.

프랑스

자연이 자기 권리를 회복한다면?

봉주르! Bonjour

내 이름은 에밀. 프랑스 남부 발랑스에 살아. 내가 사는 지역에서는 숲이 점점 자유롭게 변하고 있어. 나무들이 각자의 속도에 맞춰 자라나고, 사람들은 나무를 베지 않아. **죽은 나무**도 살아 있을 때만큼 소중해. 왜냐하면 다람쥐, **둥지를 짓는 새**, 이 나무를 부엽토로 만들어 줄 미생물에게 집이 되어 주니까. 물론, 내 친구 곤충들에게도.

나는 곤충들을 관찰하고 그리기를 정말 좋아해. 스케치북도 다 갖고 있어. 시작은 우리 집 정원에 사는 개미들이었지. 내가 가장 좋아하는 곤충은 **왕개미**야. 여름에는 귀뚜라미와 매미의 노래를 자장가 삼아 잠드는 게 얼마나 행복한지 몰라! 반딧불이는 어떠냐고? 반딧불이는 마치 보물이 있는 곳으로 가는 길을 안내하는 것 같아. 우리 부모님은 내가 루페(확대경)를 들고 풀밭에 웅크려 있는 모습을 본 뒤로, 잔디 깎는 기계를 점점 사용하지 않게 되었어. 엄마 아빠는 이제 진딧물을 죽이려고 독성이 있는 약품을 쓰는 것도 그만두셨지. 무당벌레와 **별노린재**에게 맡기면 되니까!

더 좋은 일이 있어. 부모님을 설득해서 정원 한쪽에 작은 텃밭을 얻은 거야. 오직 나만의 텃밭 말이야. 여기를 어떻게 가꿀 거냐고? 아무것도 안 하고 그냥 지켜볼 거야! 어떤 씨앗이 바람에 실려 올까? 무슨 나무가 흙을 뚫고 올라올 준비를 할까? 그래서 내년 봄에는 무슨 꽃이 필까? 곤충들 덕분에 생명과 향기, 색깔, 새들의 노래로 이 자연 공간이 가득 찰 거야. 어쩌면 나는 한창 식사 중인 검은색 **알락딱새**를 발견하거나, **남방꽃종이나비**가 태어나는 순간을 목격하게 될지도 몰라.

죽은 나무: 숲속의 생물 다양성 25퍼센트를 수용한다.

둥지를 짓는 새: 번식을 하고 새끼들을 숨기기 위해 나무에 둥지를 트는 새들로, 땅(메추라기, 자고새)이나 물(물닭의 수상 둥지)에 자리를 잡는 새들과 구별된다.

왕개미: 검은색을 띤 개미로, 목수개미라고도 한다. 여왕개미 한 마리를 중심으로 약 5천 마리의 일개미들이 한 집단을 이루며, 축축하거나 썩어 가는 나무 속에 사는 것을 좋아한다.

별노린재: 검은색과 빨간색의 무해한 곤충으로, 등딱지의 무늬가 아프리카 가면을 닮았다. 풀과 과일을 깨물어 즙을 마시며, 물론 진딧물도 살았든 죽었든 잘 먹는다!

알락딱새: 가느다란 부리를 가진 새로, 날아서 곤충을 사냥한다.

남방꽃종이나비: 검정색, 노란색, 빨간색의 화려한 나비로, 멸종 위기종이다.

글쓴이 마이아 브라미

20여 권의 책을 쓴 작가이며, 대부분이 어린이 책이다. 청소년 소설《너의 인생을 살아, 니나》로 2002년 크로노 상을 받았으며, 2005년에는 그림책《조금만 먹어 봐!》로 마티 시바 상을, 2007년에는《노르마》로 제20회 샹베리 퍼스트 노벨 페스티벌에서 상을 받았다.

그린이 카린 데제

언론과 출판에서 활동하고 있는 일러스트레이터다. 여러 가지 종이를 이용하여 색을 칠하고 자르고 붙여 그림 작업을 한다. 잡지《마담피가로 재팬》,《사이콜로지 매거진》,《르뷔 21》등과 함께 일했다.

옮긴이 이재원

연세대학교 교육학과를 졸업하고, 어린이 책을 만들고 우리말로 옮기는 일을 하고 있다. 옮긴 책으로《키드 스파이》시리즈,《키드 노멀》시리즈,《안녕, 세계의 친구들》,《초록 양》등이 있다.

지식샘

안녕, 내 친구 지구

1판 1쇄 인쇄 2023년 7월 10일
1판 1쇄 발행 2023년 7월 24일

글쓴이 마이아 브라디
그린이 카린 데제
옮긴이 이재원
펴낸이 김성구

책임편집 김초록
디자인 이영민
콘텐츠본부 고혁 조은아 이은주 김지용
마케팅부 송영우 어찬 김지희 김하은
관리 김지원 안웅기

펴낸곳 (주)샘터사
등록 2001년 10월 15일 제1-2923호
주소 서울 종로구 창경궁로35길 26 2층(03076)
전화 02-763-8965(콘텐츠본부) 02-763-8966(마케팅부) | **팩스** 02-3672-1873
전자우편 kidsbook@isamtoh.com | **홈페이지** www.isamtoh.com

한국어 판권 ⓒ샘터사, 2023

이 책은 저작권법에 의해 보호를 받는 저작물입니다. 이 책에 수록된 글과 이미지를
사용하고자 할 때에는 반드시 저작권자와 (주)샘터사의 서면 허락을 받아야 합니다.

ISBN 978-89-464-7426-0 74900
ISBN 978-89-464-7255-6 (세트)

샘터 1% 나눔실천
샘터는 모든 책 인세의 1%를 '샘물통장' 기금으로 조성하여 매년 소외된 이웃에게 기부하고 있습니다.
2022년까지 약 1억 원을 기부하였으며, 앞으로도 샘터는 책을 통해 1% 나눔실천을 계속할 것입니다.

제조자명: 샘터사 제조국명: 대한민국 제조년월: 2023년 7월 24일
대상 연령 8세 이상 전화번호: 02-763-8965 주소: 서울 종로구 창경궁로35길 26 2층
＊KC 마크는 이 제품이 공통안전기준에 적합하였음을 의미합니다.
＊주의: 책의 모서리에 다치지 않게 주의하세요.